VENTE

Du 15 Février 1897

MEUBLES D'ART

Anciens et de Style

BOIS SCULPTÉS DES XVe, XVIe ET XVIIe SIÈCLES

Porcelaines anciennes du Japon

TAPISSERIES ET ÉTOFFES ANCIENNES

Me LÉON TUAL, Commissaire-Priseur

M. B. LASQUIN, Expert

IMPRIMERIE MAULDE et RENOU

———

MAULDE, DOUMENC & Cie

IMPRIMEURS DE LA COMPAGNIE DES COMMISSAIRES-PRISEURS

Rue de Rivoli, 144 — Paris

CATALOGUE

DE

MEUBLES D'ART

Anciens et de Style

COMMODES LOUIS XV, BUREAUX LOUIS XVI, CABINETS LOUIS XIII
PENDULES LOUIS XIV
En Marqueterie, Acajou, garnis de Bronzes

MEUBLES EN BOIS SCULPTÉ

Stalles, Coffres, Crédences, Armoires, Sièges, Buffets des XVIᵉ et XVIIᵉ siècles

Nombreux Devants de Coffres
Frises, Pilastres, Colonnes, Statuettes en bois sculpté
Gothique, Renaissance et Louis XIII

PORCELAINES ANCIENNES DU JAPON A DÉCOR BLEU

Faïences, Plaques persanes de revêtement

SCULPTURES EN MARBRE, COLONNES, CUIVRES, VITRAUX
Objets divers

TAPISSERIES ET ÉTOFFES ANCIENNES

Velours de Gênes, Soieries

DONT LA VENTE AURA LIEU
Par suite de cessation de commerce
ET POUR LES MEUBLES MODERNES
En vertu d'un jugement du Tribunal de Commerce de la Seine, en date du 15 janvier 1897, enregistré

HOTEL DROUOT, SALLE Nᵒ 1

Le Lundi 15 Février 1897, à 2 heures précises

Mᵉ Léon TUAL	M. B. LASQUIN
COMMISSAIRE-PRISEUR	EXPERT
56, rue de la Victoire, 56	12, rue Laffitte, 12

CHEZ LESQUELS SE TROUVE LE PRÉSENT CATALOGUE

EXPOSITION PUBLIQUE

Le Dimanche 14 Février 1897, de 1 h. 1/2 à 5 h. 1/2

CONDITIONS DE LA VENTE

Elle se fera au comptant.

Les Acquéreurs auront à payer CINQ POUR CENT en sus du prix d'adjudication.

MAULDE, DOUMENC et Cie, imp. de la Cie des Commissaires-Priseurs, rue de Rivoli, 144 · 500—64217

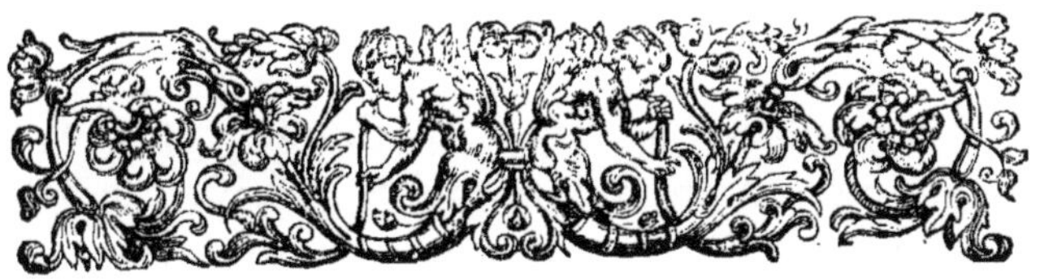

DÉSIGNATION

—

MEUBLES MODERNES

Dont la vente aura lieu en vertu d'un jugement du Tribunal
de Commerce de la Seine, en date du 15 janvier 1897

1 — Table de style Renaissance, en noyer
sculpté, à ceinture de godrons, reposant sur
deux pieds, composés chacun d'un portique
accoté de deux cariatides de femmes ailées et
reliés par une traverse supportant trois vases
balustres.

2 — Crédence à pans coupés de style Renaissance, en chêne sculpté, décorée de divers
motifs de rinceaux, de dauphins et d'une galerie de feuillages ajourée. Elle ouvre à une
porte garnie de ferrures et à un tiroir.

3 — Prie-Dieu de style Gothique, en noyer sculpté, offrant quatre motifs à ogives, le haut surmonté d'une galerie ajourée, les côtés du pupitre avec panneaux à draperies pliées.

4 — Console de style Louis XVI, en noyer sculpté; la ceinture à ressaut arrondi, offrant une frise de rosaces, est supportée par deux volutes feuillagées avec griffes de lion. Dessus de marbre bleu turquin.

5-6 — Deux Tables-Consoles de style Louis XIV, en chêne sculpté; la ceinture, à motif de coquilles et feuillages, repose sur quatre pieds carrés à volutes et reliés par un entrejambe en X sculpté. Beau dessus d'ancien marbre vert de mer.

7 — Meuble d'entre-deux à hauteur d'appui, en bois d'ébène, à moulures de cuivre, style Louis XIV; le milieu, à ressaut, ouvre à une porte pleine ornée d'ancienne mosaïque de Florence, en pierres dures de couleurs, à vase de fleurs et oiseaux, et flanquée de deux glaces biseautées. Dessus en brocatelle d'Espagne.

8 — Table-Console à pieds fuselés, reliés par un

entrejambe, en bois noir incrusté de filets
d'ivoire.

9 — Table de style Louis XIII, en bois d'ébène,
incrustée de filets et garnie de moulures de
cuivre, reposant sur quatre pieds gainés, reliés
par un entrejambe.

10 — Buffet en chêne, ouvrant à deux portes
Louis XIV, sculptées à écoinçons.

11 — Table à ouvrage de style Louis XV, en bois
de rose, à trois tiroirs et tablette d'entrejambe, dessus de brèche du Languedoc entouré
d'une galerie de cuivre doré.

12 — Table de nuit analogue à la précédente.

13 — Modèle de Chaise de style Louis XVI, en
acajou sculpté, garniture de velours rouge.

14 — Modèle de Chaise de style Louis XIII, en
noyer sculpté, avec dossier à fronton et guirlande de fruits, garniture en moquette.

15 — Armoire en noyer, ouvrant à deux portes,
de l'époque Louis XIV, à moulures et motifs
sculptés.

16-17-18 — Trois Colonnes supports, style Louis XIII, à chapiteaux corinthiens, en bois sculpté à torsades agrémentées de pampres et d'oiseaux.

MEUBLES ANCIENS

MARQUETÉS ET PLAQUÉS

19 — Commode Louis XV, à deux rangs de tiroirs, sur pieds élevés, en marqueterie de bois de rose, à réseau et rosaces, garnie de chutes et d'anneaux en bronze doré. Dessus de marbre noir antique. Ce meuble porte, au revers, une ancienne marque du garde-meuble royal.

20 — Commode Louis XV, à contours et à deux tiroirs, sur pieds élevés, en bois de rose et bois de violette, ornée de chutes et de poignées rocailles en bronze doré. Dessus de marbre rouge de Flandre.

21 — Bureau Louis XVI à cylindre, en bois d'acajou moucheté, à pieds fuselés, cannelés. Il est surmonté d'un casier à trois tiroirs avec dessus de marbre entouré d'une galerie de cuivre.

22 — Bureau à cylindre, en bois d'acajou, de l'époque Louis XVI, à pieds cannelés, et surmonté de trois tiroirs, avec dessus de marbre bleu turquin entouré d'une galerie de cuivre.

23 — Petite Table style Louis XV, en bois de rose et de violette, garnie de bronzes.

24 — Cabinet italien de l'époque Louis XIII, en ivoire, mosaïque de pierres dures de couleurs et ébène incrusté. La face présente un portique à deux colonnettes de marbre rouge à chapiteaux en bronze et quatre rangs de tiroirs ornés de mosaïque à fleurs et oiseaux encadrés de moulures guillochées en ivoire ; le dessus, les côtés et le revers sont en ébène incrusté d'ivoire.

25 — Cabinet Louis XIII, en bois d'ébène, bois de couleur et plaqué d'écaille, a une porte de tabernacle et quatre rangs de tiroirs encadrés de moulures guillochées. Support à quatre colonnettes de même style.

26 — Cabinet carré en ancienne laque de Chine, ouvrant à deux portes décorées d'un paysage avec volatiles, garni de ferrures en cuivre

gravé. L'intérieur contient huit tiroirs. Table-
Support de même style.

27 — Pendule Louis XIV et son socle de suspension en marqueterie de cuivre et d'écaille, pre-
mière partie garnie de bronzes, figures d'enfants et ornements.

28 — Pendule de style Louis XIII, en bois noir,
garnie d'appliques de cuivre doré.

29 — Grande pendule Louis XIV, plaquée d'ébène,
ornée de bronzes : motif applique de trois
figures, chutes, têtes de femmes, moulures et
feuillages ; elle est surmontée d'une figure de
l'astronomie.

30 — Pendule Louis XV et son socle de suspension, en marqueterie de cuivre et d'écaille
noire, garnie de bronzes rocailles.

MEUBLES ANCIENS EN BOIS SCULPTÉ

31 — Meuble à deux corps, de la fin du xvi⁰ siècle,
en noyer sculpté, à quatre portes et deux
tiroirs, offrant en bas-relief les figures des Sai-
sons ; le corps supérieur est orné de deux

colonnettes engagées aux angles et d'un mascaron tête d'enfant à la partie supérieure.

32 — Stalle Louis XIII, à deux places, en chêne sculpté, à cartouches sur le dossier, miséricordes et accotoirs à têtes de personnages et de chérubins.

33 — Coffre Henri II, en noyer, offrant sur le devant un grand panneau sculpté en bas-relief avec figure de femme nue dans un cartouche d'ornements.

34 — Crédence Henri II, en noyer sculpté et mouluré; la partie supérieure, à ressaut, ouvre à trois portes; celle du milieu à motif de rinceaux. La partie inférieure, épousant la même forme. est à quatre colonnettes sur le devant et à fond plein avec embase mouluré.

35 — Coffre gothique, en chêne sculpté, offrant sur le devant cinq beaux motifs à nervures ogivales et feuillages séparés par des clochetons variés.

36 — Coffre italien de la Renaissance, en bois sculpté rehaussé de dorure, offrant sur la face un écusson entre deux cartouches ovales et deux mascarons aux extrémités.

37 — Petit Coffret du xvie siècle, en noyer sculpté,
décoré d'une cariatide |entre deux motifs de
rinceaux variés.

38 — Coffre Renaissance, en noyer sculpté, offrant
sur le devant trois cartouches rectangulaires
encadrés de feuillages et deux montants formés
par des cariatides gainées.

39 — Stalle Henri II, en noyer sculpté, à feuillages et encadrements d'enroulements. Le dossier offre un portique en perspective; les
accotoirs sont formés de volutes reposant sur
des balustres.

40 — Stalle Henri II, en noyer sculpté, analogue
à la précédente.

41 — Meuble Louis XIII, à deux corps, ouvrant
à quatre portes séparées par deux tiroirs, en
noyer mouluré à panneaux saillants.

42 — Console Louis XIV, en chêne sculpté, à
montants composés de figures de chérubins et
de volutes, avec panneaux sculptés sur les
côtés et ceinture à feuillages. Dessus de marbre
portor.

43 — Coffre italien, en noyer sculpté, à trois montants et deux motifs de feuillages.

44 — Coffre italien, en bois sculpté, à feuillages, moulures ornées et mufles de lions.

45 — Horloge ancienne dans sa gaine à moulures en chêne.

46 — Armoire gothique, à deux portes, en noyer sculpté.

47 — Bas de meuble Henri II, en noyer, ouvrant à deux portes à moulures.

48 — Écran Louis XVI, en bois peint en blanc.

BOIS SCULPTÉS

49 — Devant de Coffre Renaissance en noyer, offrant trois motifs, dont un au centre avec écusson, formés de cariatides ailées, rinceaux et animaux chimériques, encadrés par une guirlande de fruits.

50 — Longue Frise de l'époque de la Renaissance, en noyer sculpté, composée de rinceaux entre-

mêlés de cartouches à têtes de chérubins, de cornes d'abondance et de têtes d'animaux chimériques (restaurée).

51 — Devant de Coffre du xvi⁰ siècle, en noyer sculpté, offrant trois cartouches dans un encadrement de feuilles de lierre.

52 — Petit Devant de Coffre du xvi⁰ siècle, en noyer sculpté, offrant un écusson rond avec deux dauphins, soutenus par deux cariatides se terminant en rinceaux.

53 — Devant de Coffre Renaissance, à écusson, au centre cariatides, rinceaux de feuillages et têtes de béliers supportant des aigles.

54 — Quatre Colonnes Henri II, en chêne, partie cannelée et partie sculptée, à perles et feuillages, surmontées de chapiteaux corinthiens.

55 — Quatre Pilastres du xvi⁰ siècle, à cariatides de femmes drapées, et mascarons en bois sculpté et doré en partie.

56 — Deux grands Pilastres Louis XIII, à figures d'enfants, en ronde bosse, debout sur des motifs à cartouches et enroulements.

57 — Encadrement Louis XIII, en bois sculpté,
offrant des trophées d'armes sur les côtés, un
cartouche dans le bas et un écusson aux armes
d'Angleterre à la partie supérieure.

58 — Grand Devant de Coffre du xvie siècle, en
noyer, offrant deux rangs de rosaces dans des
enroulements symétriques avec encadrement
de cartouches.

59 — Devant de Coffre du xvie siècle, en noyer
sculpté, offrant cinq portiques avec draperies
pliées.

60 — Trois Montants de Meuble hollandais du
xviie siècle, en palissandre sculpté, à groupes
de fruits.

61 — Deux Fragments de Frises du xviiie siècle,
en bois sculpté, peint en blanc et rehaussé
d'or.

62 — Deux Panneaux d'Entre-Deux Louis XIII,
en bois sculpté et peint, offrant chacun deux
cartouches et un encadrement de feuillages.

63 — Panneau de meuble Louis XIII, en ébène
sculpté, en bas-relief : l'Enlèvement d'Europe.

64 — Panneau gothique à rosaces.

65 — Deux Panneaux d'Entre-Deux, en bois sculpté, provenant d'une boiserie Louis XIV.

66 — Deux petits Panneaux en bois sculpté, du xvi° siècle, à cartouche, mascarons et groupes de fruits.

67 — Devant de Coffre Renaissance, à sept encadrements carrés, entourés d'une frise ajourée à nervures gothiques.

68 — Deux Panneaux du xvi° siècle, offrant chacun une figure de saint debout entre deux petits sujets relatant des épisodes de sa vie et de son martyre.

69 — Deux Montants de Porte, en noyer, représentant : l'un, Jésus au mont des Oliviers et le Martyre d'un saint ; l'autre, l'Ascension du Christ et la Pêche miraculeuse.

70 — Quatre petits Panneaux de Coffre du xvi° siècle, à médaillons, bustes et ornements en chêne sculpté.

71 — Quatre petits Panneaux de Coffre du xvi° siècle, figures allégoriques debout.

72 — Trois Panneaux du xvie siècle, à médaillons, bustes.

73 — Deux Panneaux (de meuble Henri II, à entrelacs et cabochons.

74 — Trois petits Panneaux de Coffre du xvie siècle, à figures de femmes debout.

75 — Panneau du xvie siècle, à mascaron au centre, entouré par deux lions adossés et un groupe de fruits.

76 — Trois Panneaux ou Montants du xvie siècle, d'ornementation variée, à candélabres et entrelacs.

77 — Deux Panneaux du xvie siècle, à portiques en perspective.

78 — Quatre petits Panneaux semblables de Coffre gothique, à nervures ogivales.

79 — Trois autres Panneaux de Coffre gothique.

80 — Cinq Panneaux gothiques de devant de Coffre.

81 — Quatre petits Panneaux gothiques dépareillés.

82 — Fragment de devant de Coffre gothique avec deux panneaux fleuronnés.

83 — Devant de Coffre gothique offrant cinq panneaux sculptés.

84 — Trois petits Panneaux du xvie siècle, offrant chacun une figure debout.

85 — Deux Figures appliques de personnages drapés, en noyer sculpté, xviie siècle.

86 — Quatre Chutes Louis XIII, à figures d'enfants et guirlandes de fruits.

87 — Deux petits Panneaux Louis XIII, en largeur, offrant des figures allégoriques et des ornements.

88 — Statuette de Saint-Jean, bois sculpté du xvie siècle.

89 — Deux Figures d'Amours en chêne et deux Dauphins du xviie siècle.

90 — Fronton Louis XIII, en chêne sculpté à jour, à corbeille de fleurs et rinceaux de feuillages.

91 — Cadre Louis XIV, en chêne sculpté.

92 — Frise de rinceaux Louis XIII, en chêne
sculpté.

93 — Deux Chutes guirlandes de fleurs et de
fruits en bois sculpté Louis XIII.

94 — Cinq Panneaux de portes de meuble
Louis XIII, en bois sculpté, à feuillages et
entrelacs.

95 — Bois d'écran Louis XVI, à colonnettes can-
nelées, en bois peint en blanc.

96 — Deux Panneaux du xvi° siècle à armoiries
et feuillages, en hauteur.

97 — Trois petits Panneaux Louis XIII, en largeur, à cariatides d'enfants et rinceaux, en
bois peint en couleurs.

98 — Deux Panneaux Renaissance [à mascaron
et rinceaux de feuillages.

99 — Quatre Panneaux Renaissance à têtes de
profil, à médaillons bustes.

100 — Cinq Panneaux de coffre Renaissance à
ornements en losanges.

101 — Divers fragments anciens en bois sculpté :
Chapiteaux, ornements, frises, etc.

SCULPTURES EN MARBRE

102 — Deux Montants décorés d'une cariatide de Sylvain et d'une cariatide de nymphe, supportant chacune un chapiteau conique. Travail italien du xvie siècle. Ces deux pièces peuvent servir de montants à une cheminée. Collection BEURDELEY père.

103 — Deux Hauts-reliefs, rectangulaires en pierre sculptée du xvie siècle, représentant deux sujets bibliques.

104 — Cinq Hauts-reliefs en albâtre sculpté du xve siècle : L'Annonciation, le Couronnement de la Vierge, Jésus aux Oliviers et sujets bibliques.

105 — Deux Colonnes en marbre du Languedoc.

106 — Deux Colonnes en marbre Sarancolin.

107 — Huit petites Colonnettes en marbres divers.

108 — Diverses plaques en mosaïque de Florence.

SIÈGES

109 — Deux Fauteuils Louis XIII, **en noyer**, garnis de tapisserie au point, **à** panaches et nœuds de rubans.

110 — Chaise hollandaise en palissandre, garnie de velours d'Utrecht rouge.

111 — Chaise Louis XIV, garnie de canne.

112 — Deux bois de Fauteuils Louis XVi, à dossier ovale et un autre à dossier carré.

PORCELAINES ET FAIENCES

113 — Garniture composée de trois Potiches et deux Cornets en ancienne porcelaine du Japon, à décor bleu de roi, à paysages animés de figures.

114 — Deux grosses Potiches en ancienne porcelaine de Chine, décor bleu, à dragon dans les flammes.

115 — Potiche en vieux chine, décor bleu à lambrequin, arabesques et quatre médaillons de paysages.

116 — Deux Vases balustres à huit pans en ancienne porcelaine du Japon, décorés en bleu, rouge et or, à médaillons de paysages, d'arbustes et de chrysanthèmes.

117 — Pot ovoïde en ancienne porcelaine du Japon, décor bleu à paysage et figures.

118 — Deux Flacons en ancienne porcelaine du Japon, décor bleu, à six compartiments d'arbustes et garnis de deux anses sur le col.

119 — Grande Potiche en vieux Chine, décor bleu à pampres.

120 — Vase ovoïde en vieux Chine, décoré de vases et ustensiles en émaux de couleur, garni d'une monture de style Louis XVI en bronze.

121 — Deux Cornets en ancienne porcelaine de la Compagnie des Indes, décorés de sujets à mandarins en émaux de couleur.

122 — Potiche en vieux Chine, décorée en bleu de figures dans un paysage.

123 — Deux Vases balustres en porcelaine de Chine gaufrée, fond bleu.

124 — Deux Bouteilles en cuivre émaillé, vert de Chine.

125 — Fontaine conique en porcelaine du Japon.

126 — Grosse Cruche sphérique en ancien grès allemand, décorée de trois écussons en relief.

127 — Autre grosse Cruche en partie émaillée bleu.

128 — Petit Cruchon en grès allemand, émaillé bleu.

129 — Deux Potiches ovoïdes en anciennne faïence de Delft, à médaillons de fleurs réservés sur fond bleu.

130 — Panneau composé de plaques de revêtement en faïence persane et environ trois cents plaques de revêtement bleu, de même dessin.

131 — Deux Bouteilles à panse sphérique, en ancienne faïence italienne, décorées de feuillages en couleurs.

132 — Grand Plat rond, en faïence de Limoges, décoré sur émail cru par Pinard : La Fuite en Égypte.

BRONZES ET CUIVRES

133 — Deux Landiers, en fer forgé, avec boules de cuivre.

134 — Deux autres Landiers, moins grands.

135 — Plat en cuivre galvanisé à sujet en haut
relief : L'Ivresse de Silène.

136 — Jardinière ronde, en cuivre repoussé à
godrons.

137 — Petit Lustre flamand à six lumières, en
cuivre.

138 — Petite Lampe de suspension, en cuivre.

139 — Petit Lustre hollandais à dix lumières.

140 — Samovar en cuivre, à pied découpé à jour.

141-142 — Deux Divinités boudhiques en bronze.

VITRAUX

143-153 — Vingt-deux pièces Vitraux anciens et
modernes, sujets de lansquenets, sujets reli-
gieux et profanes en couleur et en grisaille.

154 — Un grand Vitrail de style Renaissance,
peint par CHARLOT, en 1862.

TABLEAUX

155 — **École française** (xviiᵉ siècle). Portrait de
Femme à mi-corps, en riche costume brodé.
Cadre Louis XIV, en bois sculpté.

156 — **Oudry** (Genre de). Chien en arrêt devant un faisan.

157 — Quatre Gouaches italiennes : Sujets pompéïens.

158 — Album de Photographies, Meubles et Objets d'Art des xive, xve et xvie siècles, de la collection A. Moreau. Publication de Goupil.

TAPISSERIES ANCIENNES, ÉTOFFES

159-161 — Trois Tapisseries d'Aubusson, à sujets de verdure et oiseaux.

162-163 — Deux autres fragments de Tapisserie Verdure.

164 — Lot de Bordures de tapisseries anciennes.

165 — Beau Tapis de table en ancien velours de Gênes à larges fleurs en couleurs.

166 — Deux feuilles de Paravent en tapisserie au point Louis XIV, à fleurs, oiseaux et animaux.

167 — Quatre morceaux de Tapisserie ancienne au point.

168 — Tapis de prière persan, en velours rouge brodé d'argent.

169 — Couvre-Lit en quatre lés, en ancien velours de Gênes à dessin vert.

170 — Couvre-Lit en trois lés d'ancien velours de Gênes rouge.

171 — Lambrequin Louis XIII, en tapisserie au point et broderie de perles.

172 — Petite Portière orientale, en drap rouge brodé de soie.

173 — Lot d'ancienne Brocatelle à dessin rouge sur fond jaune.

174 — Trois petits Tapis persans, en toile brodée de soie à fleurs.

175 — Tapis composé de cinq bandes de toile brodée de soie, travail oriental.

176 — Coussin en velours de Scutari.

177 — Lambrequin en ancien velours de Gênes, à petit dessin vert.

178 — Deux robes chinoises en soie brodée.

179 — Lot de Cuir de Cordoue Louis XIV.